出産前の友だちよりも心配な

友だちの夫に贈る100の言葉

100 WORDS TO GIVE TO FRIEND'S HUSBAND.

VERY BOOKS

はじめに

友だちが妊娠した時にアドバイスしたいのは友だち自身ではなく、
むしろその隣にいる「友だちの夫」――。

本書は２０１９年10月号の雑誌『ＶＥＲＹ』に掲載された『出産前の友だちよりも心配な「友だちの夫」に贈る１００の言葉』という企画に加筆・修正し再編集したものです。
「どうか、これだけは覚えておいてほしい」という先輩ママの血が通った言葉たちを、せっかくなら〝これからパパになる夫たち〟に届けたいと考え、男女問わず手に取りやすい書籍という形に生まれ変わらせました。

妊娠・出産・産後の出来事は女性にとって印象深く、
良い意味でも悪い意味でもその後の夫婦関係に影響を与えます。
今は、これまで型にはめられていた父親像や母親像、
そして妻と夫の間にあった役割分担の壁が崩れはじめてきた時代。
だからこそ夫婦によって違いがあるし、夫婦の中でもズレがあって一筋縄ではいかない。
ひとつひとつの言葉からも、それぞれの夫婦が試行錯誤をする姿が見えてきます。

少なくとも、「みんながやってきたことだから」と甘く見て、
「うちは大丈夫」と心構えなしで臨むことは危ういということが、
この本を読めば分かるはずです。

１００の言葉はすべて、妊娠、出産を経て、戸惑いながら
必死に子育てをしてきた先輩ママ一人ひとりの声。
だから、「こうしないと大変なことになる」と脅しているわけでもないし、
「こうすれば正解」というマニュアルでもありません。
「ここに書いてあった通り実践したら妻に怒られました」なんてこともあるかもしれません。
（もしそんなことになったらごめんなさい！）

できれば、「この本にはこう書いてあるけど、どう思う？」なんて形で
夫婦で話し合ってみてほしいと思っています。
自分がどんなパパになりたいのか伝えて、妻がどんなママになりたいのか知る。
この本がそんなプレパパとプレママの
コミュニケーションのきっかけになれば幸いです。

育児を自分ごとにしはじめた、令和のパパとママへ愛を込めて。

1 マタニティ 006

2 出産 032

3 産《さん》褥《じょく》期 044

4 産後1カ月 076

COLUMN

産婦人科医・宋美玄先生が教える「女性の心と体」基礎知識 008 034 046 072

育休を取るって、いいことずくめ！ 026

パパもママも。今、日本での子育てが大変なのはどうして？ 110

こんな発言に妻たちは傷ついていた。NGワード 116

プレママ&プレパパ話し合いノート 124

※本文中のママと子どもの年齢についてはアンケート時のものになります。

マタニティ

MATERNITY

1

妻の「大丈夫だよ」の一言に
甘えていないでもっと話し合おう。

疲れたら休む、無理をしない。
簡単なようで、それがなかなか難しい。
今まで通り仕事や家事を頑張ろうとして辛くなってしまう——
そんな妻の変化に気づけていますか。
取材した専門家が口を揃えて強調するのが
「生まれてからでは遅い」ということ。
産後にうまくいかなくなる夫婦のなかには、
実は夫婦で話し合う習慣がなかった、というケースもあります。
妊娠自体はとても幸福なことでも、合併症や
早産に不安を覚えたり、妊娠中の身体的・社会的な変化や
妊娠中に生じる制限にストレスを感じたりするのは当然のこと。
妊娠中の妻の不安や負担を分け合えているでしょうか。
うちは元気そう、と思っていても気を遣っているだけかも。
「今のうちに」なんて飲み会ばかり行ったりしていませんか。
今、できることは妻と話し合うことです。

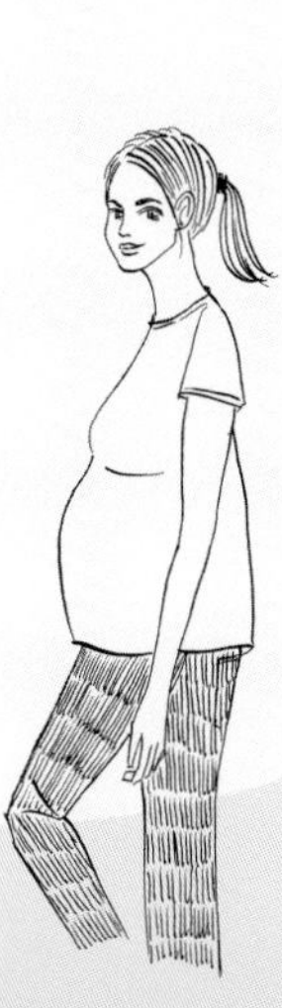

る「女性の心と体」基礎知識①

妊娠にはリスク・マイナートラブルがつきもの。率先して情報を集めて。

なにごともなく予定通りに生まれてくることが当然だと思っているプレパパは多いですが、妊娠合併症や早産はけっして他人事ではありません。それらがなかったとしても、妊娠中はつわりや貧血などの体調の変化が続きます。初めての妊娠に戸惑う女性は不安でいっぱい。とくにインターネット上には、大げさなタイトルをつけた根拠不明の情報も多く、調べれば調べるほど不安になってしまいます。そうでなくとも、周りの出産経験者の言葉に振り回されることも多いです。妊娠中に食べてはいけない・してはいけないと言われていることについても、「よく分からないけど不安だからリスクを避ける」となってしまうと、不自由な妊娠生活を送ることになります。この時期にできることは、妻の妊娠に対して当事者意識を持つこと。自分が出産するつもりになって、冷静にファクトを集めましょう。偏りのない確かな情報を集めたり、健診時に産婦人科医に聞いてもいい。健診に同行できないなら妻と一緒に妊娠に関する質問リストを作るのも手です。率先して調べて知識をつけて、不安と不調を抱えた妻が頼れる存在を目指してください。

マタ旅（マタニティ旅行）をプレゼントすることよりも重たい荷物は持つ。料理や家事が辛そうにしている時は「休んだら」と声をかけるだけでなく、あなたが料理をしたり惣菜を買ってくる。そんな日常のサポートが妻を助けます。「妊娠中の今は自分にできることはない」と思わずに妻をサポートしましょう。

産婦人科医・宋美玄先生が教え

妊娠中の妻の体についてこれだけは知っておこう！

妊娠中は感染症のリスクがある生ものなどはやめて

子どもが生まれる前に美味しいものを、という気持ちは素晴らしいですが注意が必要な食べ物も。生肉、生ハム、無殺菌のミルクやチーズ は避けましょう。病原性原虫の「トキソプラズマ」、細菌の一種である「リステリア」に感染するリスクがあります。トキソプラズマに感染した場合、流産や死産の他、胎児の脳や目に障害をきたす可能性も。リステリアに感染した場合も流産や早産になったり、胎児が髄膜炎を発症することがあります。その他にも食中毒のリスクが高い 刺し身や生牡蠣 も避けるのが無難。また、ガーデニングなどの土いじりもやめるなど感染症に気をつけ普段以上に衛生面に注意を。

カフェイン、タバコ、お酒のリスクについて

カフェイン にはリラックス効果もあるので摂っても構いませんが、摂りすぎると流産や低出生体重児のリスクがあることが分かっています。コーヒーなら一日２～３杯程度にとどめて。コーヒー好きな妻なら「飲んで大丈夫なの？」と咎めずに、ディカフェやルイボスティーなどカフェインレスのお茶を買って帰ると喜ばれるかも。

夫婦揃ってやめてほしいのが タバコ 。吸わない人に比べて流産や早産だけでなく合併症のリスクが明らかに高くなってしまいます。副流煙にも害があるので、ママはもちろんパパも妊娠中だけでなく出産後も禁煙を心がけてください。

お酒 は、器官形成期（妊娠５週～11週）にお酒を飲むと発育不全が生じるリスクがあるものの、この時期を除けば少量であれば問題ありません。ただし、妊娠中に大量のアルコールを摂ると胎児に知的障害が起こる可能性も。個人差がありますが目安としては、缶ビール350ml１缶またはワイングラス１杯をゆっくりと楽しむ程度なら問題ないでしょう。今までのようにお酒を楽しめなくなって我慢しているのに、酔っ払って帰ってくるのは妻からしたら良い気分はしないはず（なかにはつわりで匂いに敏感になる人も）。

話を聞いたのは……

宋《そん》 美《み》玄《ひょん》さん 産婦人科専門医・医学博士

1976年生まれ。大阪大学医学部を卒業後、大阪大学産婦人科に入局。周産期医療を中心に産婦人科医療携わる。2007年、川崎医科大学産婦人科講師に就任。University College Of London Hospital に留学し胎児超音波を学ぶ。'17年に丸の内の森レディースクリニックを開院。セックスカウンセリングと出生前検査を専門に医師として診療に従事しながら、メディアと医療、医療者と非医療者をつなぐために女性の性、妊娠、出産について積極的な啓蒙活動に励んでいる。主な著書に『産婦人科医ママの妊娠・出産パーフェクトBOOK』（メタモル出版）など。'12年に第一子、'15年に第二子を出産。

ルスに関して気をつけることは？

新型コロナウイルス感染症について、妊娠中の女性やその家族は不安を抱えていると思います。現時点で分かっている気をつけておくべきことや今後の出産について宋さんに教えてもらいました。感染症の流行状況によって変わることが多いので、夫婦ともにいつも以上に情報感度を高めておきましょう。

※2020年6月時点での情報になります。

妊婦は一般的なリスクが高いので家族で感染予防の徹底を！

現時点では、妊娠後期に新型コロナウイルスに感染したとしても、経過や重症度は妊娠していない人と変わらないとされています。胎児のウイルス感染症例が海外で報告されていますが、胎児の異常や死産、流産を起こしやすいという報告は今のところありません。したがって、妊娠中でも過度な心配はいりません。妊婦健診もきちんと受診して下さい。ただし、一般的に、妊婦の方が肺炎にかかった場合には重症化する可能性があります。また、出産時に妊婦やその家族が感染すると出産直後から母子が分離されるリスクがあります。手洗い・マスク・換気・外出時はソーシャルディスタンスを保つなど、夫婦ともに日頃の健康管理と感染予防の徹底を。家庭内での密は避けられないので、妊婦だけでなく家族も宴会や夜遊びなど感染リスクの高い行為を避けて過ごしましょう。

妊娠&出産、新型コロナウイ

働いている方は、体調などもふまえ、時差通勤やテレワークの活用、休暇の取得などについて、勤務先に相談を。新型コロナウイルス感染症への感染に対してのおそれなど心理的なストレスが母体または胎児の健康に影響があるとして医師または助産師から指導があった場合は、事業主はこの指導に基づき作業の制限、出勤の制限（在宅勤務または休業）等の必要な対応をすることが定められています（男女雇用機会均等法：適用期間は令和2年5月7日～令和3年1月31日）。また、仕事を休みたい妊婦を支援するため、妊娠中の働き手を有給で休業させた企業への助成金を支払う形で妊婦の休業補償制度も見直しが進んでいます。

健診の付き添いや立ち会い出産、面会は今後どう変わる？

流行状況次第では健診の付き添いや立ち会い出産や入院中の面会が制限されることもありますが、段階的に解除になるのではないかと個人的には考えています。ただ、リモート立ち会いの推奨や、なかにはＰＣＲ検査を行う産院も出てくるかもしれません。妊婦の里帰り出産については、現段階では受け入れを一時中止・制限している産院や、里帰りをした後2週間の自宅待機をしなければならない地域もあります。感染予防・感染拡大防止の観点からも、マイタウン出産が今後増えてくることが予想されます。里帰り出産ですでに予約されている方は、自宅待機中の急変時には、どこを受診したらいいか確認しておくようにしましょう。

彼女だって初めての出産で
知らないことばかり。
何でも聞かないで！

H.K.（34歳）/ 娘（1歳）

出産前は意識的に
少しでも長く一緒にいてあげて。
貴重な夫婦の時間だよ。

R.I.（27歳）/ 息子（0歳）

妊娠中の妻とお腹の子どものため
家事を率先してやってみて。

R.O.（32歳）/ 娘（1歳）

子育てが始まる前からこれが習慣化していたので、
産後がとてもスムーズでした。
今では家にいる時間は育児を請け負ってくれています。
子どももパパに懐くしいいことずくめ。
妊娠中から子育ては始まっています。

妊婦健診には
できるだけ付き添おう。

M.H.（32歳）/ 娘（1歳）

※病院によっては付き添い不可の場合も。
事前に確認を。

うちは毎回「健診後は病院の近くでご飯を食べる」が
お決まりコースでした。産後は二人でゆっくりご飯を食べる
なんてことができなくなるので良い思い出にもなったよ。
一緒に行けなくても、「今日はどんなことを話したの？」
「エコーの写真見せて」など赤ちゃんの成長やママのカラダに
関心を持っていることを伝えると喜ぶはず！

妊娠中はにおいに敏感だから
飲み会の日は要注意だよ。

T.K.（29歳）/ 息子（0歳）

お腹の子の性別について
ネガティブなことを言わないでね。

S.S.（32歳）/ 娘（3歳＆0歳）

不安な時こそ「大丈夫」
この一言に救われました。

M.H.（32歳）/ 娘（1歳）

まだまだ妊娠初期、初めての出産でちゃんと
最後まで赤ちゃんを守れるのか不安でいっぱいな時、
夫が力強く「大丈夫、絶対大丈夫だから」と
言ってくれて涙が出ました。

体重も体調も変化する妊婦生活は
想像以上に大変。だらだらしていても、
前のように動けなくても、
がっかりしないでほしい。

Y.H.（32歳）/ 娘（3歳）

妊娠中〜産後の食欲旺盛さに
驚かないでね。

C.D.（29歳）/ 娘（0歳）

妊娠中、妻の体に起きる変化は
妻だけで調べるものじゃないと思う。
家族だから、
一緒に勉強してあげて。

M.O.(33歳) / 娘(1歳)

体重が増えたり、妊娠線が出来る可能性もあったり、肌が荒れたり、
毛深くなったり……女性にとっては戸惑う変化も。
茶化したりせずに、体が変わる不安にも寄り添ってあげてね。

妊娠中の体重管理や
食事制限など
タスク管理しないでね。

A.K.（31歳）/ 息子（0歳）

体重制限中に、久しぶりにチョコ一粒を食べただけで
「今日食べすぎたから明日は調節しないとね」と。
妊娠中の体重など、仕事みたいにエクセル管理しないでほしい！
何も我慢せずお酒を飲んでいる夫に言われると
腹が立ったことも。妊婦は頑張っているからあまり
プレッシャーをかけないであげて。

13

12

自然分娩、無痛分娩、
産む方法は妻の意見を
優先して。

T.A.（40歳）/ 娘（1歳）

里帰り出産が普通だと思わないであげて。
実家があっても帰りたくない
妻もいるかも。

H.S.（29歳）/ 息子（1歳）

※海外・県外からの里帰り出産は、産院により対応が異なります。

実家に帰っての出産がストレスに感じる人もいるから、
受け入れて協力してね。私は産後ケア施設とベビーシッターさんに
お世話になりました。

夫がいる時/いない時などを想定して
車やタクシーの手配を
決めておくと安心。

I.A.（32歳）/ 娘（5歳&2歳）

いざ陣痛がきたのが平日の夕方で夫は仕事中。
頼れる人がいない時間だったので、陣痛タクシーに登録しておいて
本当に良かった！ 来てくれた運転手さんはとても優しくて、
荷物を運んでくれるのはもちろん、家の鍵はかけたか、
暖房は消したかなど、緊急時に忘れがちなことも気にかけてくれました。
病院では受付まで付き添ってくれました。

妊娠中は、家電の見直しの
ベストタイミングです。

E.K.（35歳）/ 息子（1歳）

食洗機や、全自動洗濯機、ロボット掃除機を
揃えたことで産後の家事負担が
減り助かりました。

もしもあなたに料理経験がないなら、3品だけでいい。出産までに料理を覚えておこう。

K.T.（34歳）/ 息子（1歳）

料理が好きだったので、夫に一切料理はさせず、
自分の出張時にも作り置きをしていたのですが、これが産後あだに。
産後しばらくまともに料理ができないので、
チャーハンやカレーなど簡単なものでいいから
夫に料理を覚えておいてもらえば良かった。
あなたならまだ間に合う！

産前産後はいつも以上に清廉潔白を心がけて。

R.T.（32歳）/ 娘（1歳）

子どもがそろそろ1歳になる直前、夫の部屋で風俗店のポイントカードを発見。
なんと利用した日付は私が産前の里帰り中……あなたは一生の禍根を
残さないように。最悪、離婚のリスクもあるよ。

妊娠中がチャンス！
子どもが生まれた後の生活について
話し合っておこう。赤ちゃんが生まれたら
想像以上に二人で話せる
時間はなくなるよ。

A.M.（29歳）/ 息子（1歳）

→ 124〜127ページの
「プレママ&プレパパ話し合いノート」もチェック！

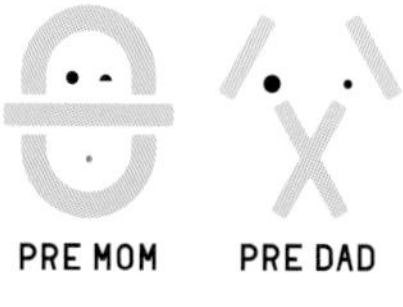

育休取るのは、ママのため
ではなくパパのためだよ。

Y.K.（39歳）/ 娘（4歳）、息子（1歳）

夫は育休を取らなかったので、育児しながら家事をすることについて
理解の差がずっと埋まらず、
お互いに仕事が忙しくなるとギスギスしてしまうことが……。
1カ月でも育休を取って新生児と向き合う責任感と
生命の神秘を味わったパパって違うと思うし、
パパの人生も、その後の夫婦の絆も特別なものになるはず。
あなたはぜひ育児休暇を取ってね。

育休を取るって、いいことずくめ！

２０１０年の
育児・介護休業法改正から10年。
男性育休１００％を目指す企業が増加するなど
状況はだいぶ変化してきました。
とはいえ、２０１８年の男性の育休取得率6.2％と、
国が掲げる２０２０年で13％、
２０２５年には30％という目標にはまだまだ及ばず。
「制度が整ってきた今、
これからは制度より職場のムードと
個人の意識を変えていくことが大切」と
語る安藤さんに、そもそも、なんのために
育休を取るのか、育休のメリットを
教えてもらいました。

話を聞いたのは……

安藤哲也さん　ファザーリング・ジャパン代表理事

1962年生まれ。2006年NPO法人ファザーリング・ジャパンを設立。
「笑っている父親を増やしたい」という思いから、
講演や管理職養成事業「イクボス」の企業研修など積極的に活動。
厚生労働省「イクメンプロジェクト推進チーム」顧問、
「にっぽん子ども・子育て応援団」共同代表も務める。1女2男の父親。

育休取得は自分の幸せにつながる。
今こそ「OSを入れ替えよう」。

正直にお話をすると、バリバリ昭和世代の僕は子どもが生まれても自分は育児なんてしなくていいと思っていました。実際に男は働いて稼いでいれば育児も家事もしなくても許される世代でした（つまり、この本を読む現役子育て世代の上司の多くはそんなふうに生きてきたわけです）。35歳で子どもが生まれた時も、当時はまだ珍しい共働きだったので妻と協力して育児や家事をする必要があるのに、「これは俺の仕事じゃない」という思いがあったので夫婦ゲンカは絶えませんでした。とくに40歳でIT企業に転職した頃はひどかった。妻はワンオペに陥り、何度か家出をされました。変わったきっかけは「このまま仕事だけしていたら家族が壊れる」という危機感から。当時4歳だった娘にチック症状が出て、パチパチとまばたきをする娘を見た時に「父親として何をやっていたんだろう」と後悔しました。そこで、まず妻と娘に謝り、仕事を調整しながら育児や家事をやるようになりました。

今でも、子育てが始まると妻と不和に陥る男性は少なくありません。でも、それはパパの能力や向き不向きの問題ではなく、単にOSの問題。『育児は母親の仕事。外で稼いで家族を養うのが、父親の役割だ』といった古い父親像をアンインストールして、自分の中のOSを入れ替えればいいだけ。家庭をほったらかしにして仕事一筋で生きても、今の時代に家族は幸せになれないし、自分の人生だって楽しめないと思いますよ。

今、僕は3人の子どもに恵まれ現役でパパを楽しんでいます。これは、あの時OSを入れ替えられた自分へのご褒美だと思っています（笑）。仕事も子育ても自分の人生・自分の時間にして、父親がまず子どものいる暮らしを目いっぱい楽しむ。その姿を見て育った子どもはきっと仕事も子育ても楽しむ親になる。パパが育休を取得することが家族の幸せの第一歩だと思います。

Tetsuya Ando

男性の育休取得はボウリングの1番ピン

勤勉を良しとする日本では、プライベートよりも仕事を優先するという空気が多くの職場にあります。80%の人が育休を取得したいと思っているのに、現状取得しているのはたったの6%。せっかく制度があっても実際には取りにくいのが現状です。なかには、育休を取りたいと上司に言ったら、「お前が産むの？」と言われてしまったなんて話も。そして、子育てを理由に仕事を抜けることを後ろめたいと思ってしまう男性自身の意識も大きいのではないでしょうか。

男性の育休取得は単なる個人のわがままや贅沢ではありません。男性が育児休暇を取得する＝男性の家庭進出は、働き方改革、ジェンダー平等、少子化対策、児童虐待・DVなど、社会が解決しなくてはいけない問題を改善する「ボウリングの1番ピン」です。

男性の育休取得。どのくらい取るのが望ましい？

多くの企業で配偶者出産休暇（有給）が推奨されるようになり、1週間程度の「パパ産休」は進んできました。これは育休の最初の5日間を有給にすることで、土日を付ければ1週間、収入を減らさずに休めるという仕組み。でも、産後の家族ケアを考えれば最低でも欧州並みに2週間、できれば1～3カ月ほどパパが育児に関わる時間を増やしたいものです。1週間の産休の場合、本人が前後の残業で調整してしまいますが、長期間の育休となると男性が休むマイナスをどう補塡《ほてん》するか、より真剣に生産性を上げる工夫をするようになり職場でも働き方改革が進むはずです。

男性が長期間の育休を取得することは会社の経営にとってもメリットがあることが、すでに多くの企業で実証されています。私がアドバイスした積水ハウスグループでは「男性社員の育児休業1カ月以上の取得」を義務付けたことで、取得した男性社員の職場では働きやすさが波及し働き方改革が進むとともに、男性も育児・家事をすることで生活者目線を持つことができて業務でプラス効果も見られました。育児を通じて段取り力が上がったり、視野が広がったりするのは仕事力の向上につながる。さらに、より働きやすい職場の実現が望めます。実際に、育休を取得した男性からは子どもの病気などで急に休んだり早退したりする女性社員にも共感できるようになったという声も多く、子育てや介護に携わる人も働きやすい多様性の高い職場は離職率も下がり、企業イメージも向上するでしょう。

まだ、男性の育休取得に理解がない管理職がいたら、推進企業の成功事例について話をしてみるのも手ですね。

育休取得のファーストペンギンになろう。

多くの男性が長期育休取得に二の足を踏むのは「職場にまだ前例がない」から。でも、働き方改革が進む今だからこそ先駆者になろう、とマインドを変えてみませんか。あなたが一番手、つまりファーストペンギンとして育休を取得し前例を作ることで、後に続く後輩が育休を取りやすくなります。周囲や上司に忖度《そんたく》することなく自分の家族のことは自分で決める。空気を読まずに、空気を変える人こそ次世代に求められる人材ではないでしょうか。

賢い育休の取り方って？

「育児休業を取得すると収入がなくなってしまう」と思っているかもしれません。給与が出ないことは男性が育児休業を取得する障壁になっている、と言われていますが、実際は無収入になるわけではありません。

育児休業中でも所得の7割程度は補償される。

育児休業は子どもの1歳の誕生日の前日まで、父母ともに取ることができます（誕生日時点で認可保育園に入れなかった場合などは、1歳6カ月まで育児休業を延長することも可能）。

育児休業期間中、通常は給与が出ませんが、給与保証として雇用保険から育児休業給付金が支給されます。共働きであれば、賃金の一定割合（67％または50％）分の育児休業給付金が二人とも国から支給されます。さらに、健康保険料や厚生年金保険料は支払いが免除されるので、普段の収入の6～7割程度は保てるのです。

育休が2度使える！「パパ・ママ育休プラス」を利用しよう。

妻の産後休暇中に、夫が育児休業を取った場合には、特別にもう一回育児休業を取れることを知っていますか？　さらに、パパもママも育児休業を取得した場合は「パパ・ママ育休プラス」と言って、通常は1歳の前日までの育児休業が、子どもが1歳2カ月になるま

こんな取得方法も！

パパ・ママ育休プラス

※産後8週間以内にパパが育休を取ると、パパは再度育休取得が可能。ママが仕事復帰する場合、ママが生活のペースに慣れ、子どもが保育園に慣れるまで、パパが育休を取ってサポートするという方法もある。

では延長されるのです。

この制度を利用すると、産後8週間以内に一度育休を取得し産後のママをサポート、次にママが職場復帰する際にもう一度パパが育休を取ってママが生活のペースに慣れ、慣らし保育期間にサポートするということも可能に。

パパが育休を1カ月取れれば、「マイタウン出産」がメリットに。

今後、状況によっては里帰り出産をせずに「マイタウン出産」をする人も多くなると思います。里帰り出産は実母もしくは義母の手助けもあり、ママは助かることも多いですが、里帰りから戻った後にお世話に慣れないパパの手際の悪さにイライラしてしまったり、子どもの世話をする役割がママに固定しやすくなってしまうこともしばしば。夫婦のパートナーシップを強化して父親の家事・育児スキルを向上させるにはパパが育休を取ってマイタウン出産し、夫婦で一緒に子育てをスタートすることをお勧めします。欧米では産後1カ月は祖父母の手を借りずに夫婦で育児と向き合うことで親として成長する、という考えが一般的。この期間に父親が育児に携わることで父親としての自覚と子どもへの愛着形成もされ、その後の子育てもコミットしやすくなると思います。

出産

BIRTH

2

予定通りには進まない。でも、知識は頭に入れておこう。

「いつ生まれるんですか？」
「あとどれくらいかかりますか？」
お産の現場で多くの男性が口にするけれど
なかなか満足いく回答は得られない質問です。
それもそのはず、お産はかなり個人差が大きく
分娩時間も人それぞれ、予定日も目安にすぎないから。
産むのは妻で自分ができることはないと、今まで通りの生活を
送るつもりでいませんか。臨月に入ったらいつ出産が始まっても
対応できるように仕事の調整を。
立ち会える状況かどうかにかかわらず、
お産の流れはしっかり理解しておきましょう。
何が起きるか分からないし、
無事に生まれてくることは当たり前ではありません。
妻も赤ちゃんも命がけで出産に
臨んでいることを忘れないで。

る「女性の心と体」基礎知識②

お産は人それぞれ。一般的な流れは二人で確認しておきましょう。

妊娠10カ月の37週～41週を『正産期』といい、37週を過ぎると、いつ生まれてもおかしくない状況に。予定日はあくまでも目安にすぎません。予定日に合わせて仕事を調整して、予定日を超過しても生まれず有給を使い果たしてしまう、なんてことにならないようにしましょう。

お産のスタイルもさまざま。自然分娩や帝王切開、なかには無痛分娩を選択するママもいるでしょう。これに対して実母や義母が反対しても妻の意思を尊重してあげて。リスクはあるけれど、痛みに耐えてこそ母親、といったことはありません。手術をする時に麻酔をかけない人はいないですよね。無痛分娩が甘えや贅沢ということはありません。そして痛みは軽減されるけれど、無痛分娩であってもお産が大変なことには変わりありません。

出産に至るまでも人それぞれ。前駆陣痛やおしるしなどお産の徴候がある人もいればない人もい

産婦人科医・宋美玄先生が教え

て、陣痛から始まることもあれば破水から始まることも。破水をした場合はすぐに病院に連絡をしましょう。病院までの距離によって多少の違いはありますが、通常は陣痛が10〜15分間隔になったら夜中でも病院に連絡を 。経産婦の場合はお産の進みが早いこともあるので要注意。

医学的には１時間に６回以上（10分間隔）の陣痛がある時、分娩が開始したとみなします。分娩は、分娩第１期（陣痛が10分間隔になった時から子宮口全開まで）、第２期（子宮口全開大から胎児の娩出まで）、第３期（胎盤の娩出）の３つに区分されます。

お産は 初産婦で12〜15時間、経産婦ではその約半分くらい の時間をかけて出産することになります（もちろん出産にかかる時間は個人差が大きいので、あくまでも目安）。比較的早く生まれる安産であったとしても楽なお産はありません。いつ生まれるかは誰にも分からないし、立ち会えても立ち会えなくても頑張っている妻のため真剣にサポートをしましょう。

陣痛を分かりやすく説明すると 局部を10分おきに５回蹴り上げられるようなもの 。かなり痛いです。痛いので言葉もきつくなり文句を言われることもあるかと思いますが、そういうものと思って受け止めて。出産時は妻の言うことは全面的に聞いてあげてください。

「怖い」なんて思わず
我が子がこの世に生まれる瞬間を
見届けてあげてね。

M.O.（33歳）/ 息子（0歳）

※病院によっては立ち会い不可の場合も。
事前に確認を。

妻が妊娠中も頑張って覚悟を持って産んだことを
分かってあげられる一生に一度の機会。
今まではママだけが育ててきた子を「これからは二人で育てていくんだ」って
実感できるはずだよ。

立ち会うなら、（テニスボールの扱いなど）自分ができることを調べておくとよいかも。

Y.N.（32歳）/ 娘（1歳）

分娩中は想定外のことが起きます。真剣に向き合ってね。

N.I.（34歳）/ 娘（3歳＆0歳）

痛すぎて、私と先生が「無痛に変えて！」→「いや、もう出てくるから」→「やっぱり無理、無痛に変えて」→「準備してる間に出てきちゃうから」というやりとりを繰り返してたとのこと（記憶がありません）。
コントみたいなくだりでしたが、私は真剣そのもの！
夫はそのやりとりがおもしろくてヘラヘラしていたようなんですが、それを見ていた助産師さんに外に呼び出されて、
「奥さん頑張ってるんだから、ヘラヘラしない！」って怒られたそうです。

妻が頑張っている時に
スマホは厳禁！
その恨み、一生忘れないから。

Y.A.（31歳）/ 息子（0歳）

※病院によっては立ち会い不可の場合も。
事前に確認を。

立ち会い希望ならとにかく
急いで病院へ。
頑張る妻を支えてあげてね。

H.K.（33歳）/ 息子（1歳）

「あ――、疲れた、お腹すいた！」
立ち会うほうも疲れるのは分かるけど、
出産直後に言っちゃだめ。

H.S.（36歳）/ 娘（9歳＆1歳）、息子（5歳）

産後入院中の差し入れは
無駄を覚悟で
多めに買っていくといいかもよ。

S.S.（32歳）/ 娘（3歳&0歳）

産後24時間はアドレナリンが出て寝られず、
しかもやたらお腹が空くし普段あまり飲まないものが飲みたくなったり
食べないものが食べたくなったり（私の場合はアイス、ゼリー、炭酸飲料、
果物、グミなど）したので。本人のリクエスト＋αを
用意してみると喜ばれるかも！

ママが退院するまでに家を掃除しておこう。

N.G.（33歳）/ 息子（1歳）

生まれたての赤ちゃんを抱いて、初めての育児に不安だらけな妻のため、
綺麗な家でお出迎えしてもらえたらすごく喜ぶと思う。
（反対に、家が汚かったらすごくショック……）
さらにレトルト食品を買い揃えておいてもらえると、
平日赤ちゃんと二人きりの中で自分のご飯を作ることさえも
大変なママへの気遣いにもなるよ。

安産だったとしても
「楽なお産」なんて
ないんだよ。

M.M.（32歳）/ 娘（0歳）

私は予定日より1カ月半早いお産でした。
3時間のスピード出産だったけど、
夫が家族の前で「赤ちゃんが小さかったから
産むのも楽だったよね〜」と話した時はなんだかモヤッと。
悪気はないと分かってるけど、
大げさなくらいねぎらってほしかったから、
あなたの時はそうしてほしいな。

**頑張って出産した妻には
絶対に“ありがとう”と
感謝を伝えてね。**

S.N.（35歳）/ 娘（0歳）

産《さん》褥《じょく》期

PUERPERIUM

妻はボロボロの体で慣れない育児をしています。

赤ちゃんを我が家に迎え、いよいよ新生活がスタート。
でも、退院をしたから妻はもう元気、と思うのは大間違い。
産後のカラダが受けたダメージは
事故にあったようなものなどと例えられることが多く、
退院時はまだ悪露《おろ》も出て、傷も塞がっていません。
そこに始まる24時間体制の新生児育児。
ひたすらおっぱいと抱っこ、オムツ替えで
ほとんどの人が寝不足に。
加えて、産後はホルモンバランスの変化による影響で
気持ちが不安定になることも。
育児休業取得の検討はもちろんのこと、
復職後も今まで通り働くのではなく1秒でも早く帰宅を。
二人でいかに協力し合えるか、夫婦の真価が問われます。

る「女性の心と体」基礎知識③

産後の体はボロボロ。とにかく妻を休ませることがパパの初仕事。

Mihyon Song

実は、妊娠・出産以上に大変なのが産後。

産後の女性はすぐに元気になると思っていませんか。出産後すぐにハイヒールをはいて颯爽と現れるロイヤルファミリーを思い浮かべる人も多いですが、あれはもはやファンタジーと言ってもいいかもしれません。どのような出産でも女性の体は傷ついているので、なるべく一日中横になっていてもらう必要があります。

これは出産で開いた骨盤や傷ついた骨盤底筋群に重力による垂直方向への負担をかけないため。見た目では分からなくても回復には最低３週間もかかります。この時期に立ったり、重い物を持つのは極力避けるべき。回復しないまま無理をしてしまうと、将来、尿もれなどのトラブルが起こりやすくなってしまいます。

産婦人科医・宋美玄先生が教え

そうでなくとも新生児のお世話は大変なので、産後1カ月は仕事を調整して妻が安静にしていられる環境を整えましょう。さまざまな事情があると思いますが産婦人科医としては、男性も育休を取って妻が退院したその日から母親と同じ生活をすることをおすすめします。

産後に体を休める必要があるなか母乳で育てるならママは授乳をしなければいけないので、かなり過酷な状況。オムツ交換やミルク、お風呂はすべてパパがやってあげるくらいでちょうどいいと思っています。また、たとえ産後すぐの1週間だけでも同じ生活を送れば、夜も昼もなく泣く赤ちゃんと向き合う大変さも分かり、妻は休暇を取っているわけではないことがよく分かるようになるのではと思います。オススメしないのは、妻に慣れない育児をほぼすべて任せて、男性は生活スタイルを変えず今まで通り働くこと（残業や飲み会、さらには休日に予定を入れるなどもってのほか）。実は、この時期、「妻の大変さをどれだけ理解できるか」でその後の夫婦の関係も如実に変わります。夫だけが今まで通りの生活を送っていた場合、子どもが2歳になる頃には妻からの愛情は3分の1になる というデータもあるんです。

（※ベネッセ教育総合研究所　第1回　妊娠出産子育て基本調査・フォローアップ調査より）

産後の大変な時期を夫婦で乗り越え、協力して子育てをしていきましょう。

産後すぐのママの体は
普通に見えて普通じゃない！

E.K.（34歳）/ 息子（1歳）

産むのが大変と思っていたけど、
実際は産んだ後もしばらく本当に大変でした。
会陰裂傷、骨盤グラグラ、痔、寝不足、
乳首切れて痛い、そして精神的にも不安定。
新米ママをサポートしてね。

帝王切開だった私の場合、
しばらくは要介護レベルでした。

Y.I.(26歳)/ 息子(0歳)

母乳かミルクかはママに任せて。
おっぱいのことで誰より悩んで
いるのはママなんです。

M.U.(40歳)/ 息子(3歳)

ミルクのあげ方、
自己流はだめです。

Y.K.（31歳）/ 息子（0歳）

哺乳瓶に水道水を足してミルクを冷やそうとしていた時は
思わず怒鳴ったことも（笑）。
分からないことはママに確認してね。

赤ちゃんは可愛い。
でも、離れてひとりになりたい
時もある。

M.A.（38歳）/ 息子（6歳&0歳）

生後1カ月バースデーのお祝いで
いちばん嬉しいのは、
バッグでもジュエリーでもなく
半日のママ自由時間。

M.E.（35歳）/ 息子（5歳＆1歳）

特に0～3カ月の頃は自治体の一時保育は基本的に使えないことが多く、
シッターもなかなか見つかりません。ママは身内にしか子どもを託せず
ひとり時間がない辛い時期。赤ちゃんと離れて
単身コンビニに行くだけでも、ママはものすごい外出をした気にすら
なるんです。だからこそ、生後1カ月の記念日にパパが半日
お世話を代わってあげて。そうすればその日に向けて、
お互い子育てのモチベーションが変わるはず。

育児も家事も「手伝う」という感覚から
「分け合う」という感覚へ変換しよう。

W.A.（38歳）/ 息子（5歳&4歳）

帰宅後や週末の家での時間は
自由時間じゃないよ、
家事・育児が夫婦半々になる時間だよ。

H.M.（29歳）/ 息子（0歳）

「今から帰る」じゃなくて
「何か買って帰ろうか？」に
変えよう。

M.A.（35歳）/ 息子（4歳&1歳）

しばらく休日は
自分の時間をあきらめよう。
夫婦で頑張ろうよ。

N.M.（32歳）/ 娘（1歳）

退院してすぐの休日、外出ができないので冷蔵庫もからっぽで
食べるものもない私を置いて、今まで通りスポーツジムに行ってしまった夫。
ママは産後すぐの自分時間はゼロ。産後しばらくの間だけでいい！
仲間との飲み会は断るなどあなたも自分時間をあきらめて、
家族と向き合って。大変だったその期間も
後々家族の絆を深めるよ。

オムツにミルクに、寝かしつけ。
育児は最初が肝心！最初から
かかわるほうがパパのためにも
家族のためにもいいと思う。

S.K.（32歳）/ 娘（0歳）

里帰り中、
実母に頼りがちになるけど
よろしくね。

W.K.（28歳）/ 息子（1歳）

里帰りしたうちの場合、産後しばらく妻の実家に通う子育てがパパはやりづらいところもあったみたい。しばらくはママの居心地の良さがいちばんと割り切って、無理させないであげてね。

「私の時は〇〇だった」という親世代の価値観、あなたがアップデートしてあげてね。

R.Y.（33歳）/ 娘（0歳）

「無痛分娩なんて、私の時には考えたことなかった」
「私の時はこんなこと男にさせなかった」など、何でも口にする義母。
悪気はないかもしれないけど、私にとってはストレスでした。
できるだけあなたから「今の子育ては昔と違うよ」ということを伝えてね。

産後の手続きは素早く！
動けないママの代わりにあなたが
率先してやろう。

R.T.（32歳）/ 娘（1歳）

出産直後、提出しなければいけない書類は膨大……
パパがのんびりしていると、ママはやきもきしてしまうことも。
まだ動けないママの代わりに、まずあなたが素早く書類を
提出することで、ママを安心させてあげて。

✓ 産前産後の提出書類チェックリスト

出産後は提出しなくてはいけない書類や申請など手続きが多く、提出先や期限もバラバラ。退院してからでは調べる余裕もないので、出産前にしっかり二人で準備しておきましょう。また、妻が会社員の場合は、健康保険の加入や一時金の申請など会社を通して申請するものも多いので申請方法を今のうちに確認しておこう。

※2020年6月時点の情報になります。自治体や勤務先、保険協会により内容が異なる場合があります。詳しくは各所にお問い合わせ下さい。

	対象者	提出先	期限	出す人
□ **出生届**	全員	役所	出生日から14日以内	**パパOK**
□ **健康保険証**	全員	社保：勤務先 国保：役所	出生後速やかに (1カ月検診時までが○)	**パパOK**
□ **乳幼児医療費助成**	全員	役所	子どもの健康保険加入後、1カ月検診までが○	**パパOK**
□ **児童手当**	全員	役所	出生日の翌日から15日以内が○	**パパOK**
□ **未熟児養育医療給付金**	未熟児を出産した人	役所 保険センター	出生後速やかに	**パパOK**
□ **出産育児一時金**	全員	通常：勤務先 / 役所 直接支払制度：産院	通常：出産日の翌日〜2年以内 直接支払制度：入院時または入院前	ママ ママが被扶養者の場合はパパOK
□ **高額医療費の助成**	医療費が高額になった人	ママが加入してる保険協会	診察日の翌月〜2年以内 (一部事前申請も可能)	ママ ママが被扶養者の場合はパパOK

ママが会社員の場合

	対象者	提出先	期限	出す人
□ **出産手当金**	ママが働いている場合	勤務先	産後57日目以降、2年以内	ママ
□ **育児休業給付金**	ママが働いている場合	勤務先	育休に入る1カ月までの申請が望ましい	ママ

2人目だからといって 1人目より楽ということは ありません。

W.K.（33歳）/ 娘（5歳＆2歳）

実際は、眠たい時間に上の子の幼稚園や習い事に連れ回すことで
大泣きされたり、遊んでほしい盛りの上の子の相手をしつつ、
赤ちゃんのお世話をするのは体力的にも精神的にも
かなりしんどかったです。2人育児が軌道に乗る生後4カ月くらいまでは、
土日のどちらかは上の子を連れ出してあげたり、
下の子を見ていてあげる間に母と上の子の時間を作ってあげるなどの
サポートをしたら喜ぶと思うよ。

すぐに赤ちゃんを
可愛いと思えなくても
大丈夫！

N.G.（33歳）/ 息子（1歳）

お腹のなかで一緒に過ごしたママと違って、パパはまだ初めまして。
新生児は何を考えているのか分からないことも多く、
とくによく泣く子の親は辛くなることもあると思います。
手塩にかけて育てて、意思の疎通がはかれるようになってからの
可愛さは格別だよ！

産後すぐ、ママはホルモンの関係で
一時的に情緒不安定になるよ。
優しく受け止めて。

H.M.（32歳）/ 娘（5歳）

まずは産後クライシスをググって
理解しておこう。

Y.K.（35歳）/ 息子（6歳&1歳）

産後すぐの妻の話には
“共感”を。
異論・反論はいらないよ。

R.M.（40歳）/ 息子（6歳&1歳）

産後は話し相手がいないなかで
ただ話したいだけなので素直に聞いてあげて。
とくに産後は情緒不安定で、言い合いになると
悪いほうにしかいかないことが多いと思います。

口は災いの元！　産後のママは
とにかくデリケート。
ちょっとした一言で傷つくこともあるよ。

M.H.（32歳）/ 娘（1歳）

ママのイライラの原因は
睡眠不足かも。
少しでも長く寝かせてあげてね。

S.I.（32歳）/ 娘（1歳）

夜中の2時間おきの授乳×4回＝
8時間寝られたわけでは
ないんです。

M.I.（36歳）/ 娘（2歳＆0歳）

私の場合、1回の授乳に30分〜1時間程度かかるうえ、
それからまた寝付くまでにも時間がかかるので、
3〜4時間睡眠くらいの感覚でした。
いつ起こされるか分からない緊張感もあって眠りが浅く、
体の調子も悪かったです。

本当に忘れっぽくなるけど
バカにしないであげて。

Y.T.（28歳）/ 息子（1歳）

こんなに「いてほしい」と妻子に望まれることは、今後の人生で二度とないかもよ？

M.H.（39歳）/ 息子（4歳双子）

産後の妻は孤独と不安とひとりで闘っています。
早く帰宅して家事・育児をしてくれれば最高だけど、
もはやただ家にいてくれるだけでもいい、
早く帰ってきてあげて！

産後半年は愛も憎しみも10倍。
夫婦の絆を強くする
絶好のチャンスだよ。

Y.K.（39歳）/ 娘（3歳）

「いちばんの味方は俺だよ」と
言ってみて。

A.S.（38歳）/ 息子（4歳）

産後イラつく私に夫がぽつり。「そんなにイライラしていたら、
いちばんの味方を失うよ。俺は味方なんだよ」と
言われてハッとしました。「俺は味方」と言われることで
ちょっと冷静になれたよ。

産後1カ月はいつもより長く多くハグをしてあげてほしい！

N.H.（29歳）/ 息子（1歳）

里帰りをしなかったのもあり、部屋に日中赤ちゃんと二人きりで
心身ともに疲れ切っていました。夫が仕事から帰ってきて
毎日ギュッとハグをしてくれ、何に対する涙なのかは分かりませんが
よく泣いていました。言葉も大切ですが、
ギュッとハグしてくれるだけで助けられるものがあると思います。
多くのパパに伝わりますように！

産休・育休＝グータラできていいなって思うのは、ママと子どもをまだ理解できていない証拠かも。

Y.I.（29歳）/ 娘（3歳）

仕事は休みでも、家事は休めないし育児もある。
さらには体調だってまだ回復していないことも。
「一日中家にいるのに、なんでこんな時間にご飯なの」と
言われて悲しかったから、あなたはママを
ちゃんとねぎらってあげてね。

この時期のママは毎日がトライ&エラー。「今日はどうだった?」と聞いてみて。

R.O.(32歳)/娘(1歳)

産後すぐのママは、赤ちゃんの変化やうまくいかない育児に
日々悩んでいます。少しでも話を聞いてほしかったのですが、
夫は暗い話や分からないことになると聞かず逃げていました。
パパのほうから「どうだった?」と聞いてくれるだけで、
ママは救われると思います。

る「女性の心と体」基礎知識④

産後はホルモン値が大暴落。ママのメンタル不調は当たり前と思って心構えを。

分娩後は同時に女性ホルモンの分泌量が急激に減少。産後数時間で女性ホルモンの値は閉経後レベルになるほど（図）。これが原因で起こるのが産後3～5日を中心に一時的に気持ちが落ち込む「マタニティブルーズ」です。もともと女性ホルモンは体や心を守る役割があるので急激に減ることで肌や髪もボロボロになるだけでなく情緒不安定に。日本では半数以上のママがなるともいわれていますが、2週間程度で自然に軽快します。

もっともメンタルに不調をきたしやすいのは慣れない育児の疲れがピークに達してくる産後2週間～1カ月。

「出産後、妻が激変した」と感じる男性も多いようですが出産によって身体的

産前産後のホルモンの変化

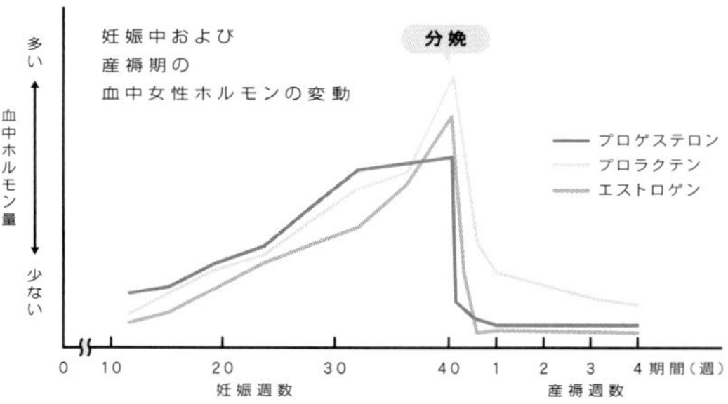

青野敏博（2001）、武谷雄二（総編集）『新女性医学大系32 産褥』中山書店 P.28 図10より作成

産婦人科医・宋美玄先生が教え

なダメージを受けて、さらにホルモンの影響も受け、育児や授乳のプレッシャーや睡眠不足が重なれば、メンタル不調に陥るのは当然のことでしょう。母親であっても人間なので愛情や母性で乗り切れるものではありません。

イライラしたり涙もろくなったり感情的になるのも産後の一時的なもの。当たられるのは当たり前と思って心構えをしておきましょう。また、この時期は実母であっても疎ましく感じる人も少なくありません。ママが落ち着いて赤ちゃんと向き合えるように実母・義母との緩衝材になるのもパパの役目。

注意しておきたいのが産後うつ。妻から笑顔が減って自罰的な思考になり、「疲れているのに眠れない・子どもが可愛いと思えない」などの訴えがあった場合は産後うつが疑われます。産後うつは産後3カ月までに10人に1人が発症するもので決して他人事ではありません。自殺とも関連性が高く、出産よりも多くのママが産後、自殺で亡くなっているのです（厚生労働省研究班のデータによると、2015～16年の2年間で102人）。

産後うつにかかった母親は赤ちゃんに対する否定的感情が強く、愛着に障害が生じやすいという問題も。乳幼児虐待も産後うつに起因する場合が少なくありません。ママの変化を決して見過ごさないようにしましょう。まずはすぐに妻の負担を減らして、地域の子育て支援センターや保健師に相談し、それでも良くならないなら精神科か心療内科を受診しましょう。気づいてあげられるのはいちばん近くにいるあなたです。

産後の三大精神疾患

	マタニティブルーズ	産後うつ病	産褥精神病
重症度と対応	軽症、一過性	中等度、 医師・専門医	重症、 専門医・入院
頻度	50〜80%	3〜30%	0.10%
発病時期	産褥3〜5日を 中心に	70%が6週以内	不定 （3〜28日がピーク）
持続期間	数時間〜数日	60%が1年以内	不定
予後	良好	妊娠時再発 20〜60%	非妊娠時再発あり
治療	夜間鎮静	向精神薬	向精神薬、その他
心理的配慮	産褥精神病に注意、 授乳・育児の援助、 回復の保証	感情、苦痛の告白、 理解、母子相互作用の 促進、服薬の指示	初産婦に多い、 夫の不在、帝王切開時の 援助、育児・避妊のケア
症状	情動障害（涙もろい、 不安、落ち込み） 認知機能障害（当惑、 困惑、ぼんやり） 自律神経症状 （不眠、疲労、頭痛）	不眠、疲労、抑うつ、 イライラ、不安、 涙もろい、罪悪感	不眠、 急激な気分の変化 （うつ→躁） 幻覚、妄想、自殺念慮、 殺児のリスク

堀口文（2012）「第1章　ライフステージからみたマタニティサイクルとメンタルヘルス」
久米美代子・堀口文（編著）『マタニティサイクルとメンタルヘルス』医歯薬出版 P.8 表1-3

もしも妻が
産後うつかもと気づいたら
早めの対応を。

M.F.（38歳）/ 息子（6歳）、娘（3歳）

産後1カ月

ONE MONTH AFTER CHILDBIRTH

4

赤ちゃんが
いることが日常に
なっても今まで通りの生活に
戻るわけじゃない。

多くの先輩ママが悩んでいたのは、産後しばらくして
働くパパと育児中心のママの間に生じるズレ。
夜間も続く授乳や夜泣きによる睡眠不足、意思の疎通ができない赤ちゃんと
向き合い続ける逃げ場のない環境。赤ちゃんと過ごす生活はとても幸せな反面、
社会から取り残されたような孤独を感じることも。
そんな時にパパだけが今まで通りの生活を続けていたら……
仕事で疲れているから、土日くらいは休みたいから、次の日も仕事があるから、
と夜泣きする赤ちゃんを睡眠不足のママに任せきりにしていたら。
日本で産後うつは約10人に1人がなるともいわれ、
他人事ではありません。産後うつで自殺する母が、
出産で亡くなる母より多いことを
忘れないでいてください。

家族の主役は子どもになります。
もしもあなたが
俺様キャラなら卒業を。

S.Y.（35歳）/ 息子（2歳）

産む以外、パパだって やればできる！

A.S.（32歳）/ 娘（1歳）

（ママだって苦手だけど）
うんちは健康のバロメーター。
進んでオムツを替えられる
ようになろう。

Y.Y.（32歳）/ 息子（3歳）

夜泣きがひどい時には一緒に交代であやしてね。

A.K.（31歳）/ 息子（1歳）

子どもが夜中に大声で泣いているのに、
夫が隣でいびきをかいて寝ていて腹が立ったことが。
ママだって昼に寝られるわけじゃない。
疲れているのはお互いさま。お互いを思いやろう。

帰宅時は
音を立てずに静かにね。

C.F.（32歳）/ 娘（1歳）

娘がやっと寝てくれたタイミングでパパが
「ただいま〜（ドアガチャ）」→ 娘起きる → 必死に寝かす →
「起きてる？（ドアガチャ）」→ 娘起きる → 私怒る。
寝かしつけって大変なんです。遅く帰ってきた時は
子どもを起こさないようにね。

子どもの寝顔を触ったりして起こすと
本気でイラッとするから要注意。

A.M.（32歳）/ 娘（0歳）

パパもママも完璧じゃない。
子どもの月齢、年齢と同じだよ。

T.I.（27歳）/ 娘（1歳）

どんなにいい育児グッズを買ってくるよりも、
あなたが早く帰ってきて
「今日も頑張ったね」って一言で
ママは救われるからね!

S.N.(26歳)/ 娘(0歳)

赤ちゃんは褒めてくれない。
褒められるのはパパだけ！

S.K.（32歳）/ 娘（0歳）

産後しばらくママはボロボロ……
容姿の変化などとやかく言わないでね。

T.N.（32歳）/ 娘（0歳）

“育児は誰かに頼んでもいいんだよ”がプレッシャーを軽くするよ。

E.K.（35歳）/ 息子（1歳）

「家に他人がいるのが無理」と嫌がるパパも多いけど、
“誰かに頼んでもいい”と思えるだけでママの心が楽になるので
積極的に促してあげて！

「○○の家はいいよな」など、自分の妻や子どもを比較しないでね。

Y.E.（34歳）/ 娘（1歳）

家事が滞っていたり私がイライラしていた時に、他の家庭を
うらやましがる発言をしたことがありました。
安らげる空間を作れないことは申し訳ないけど、
子どもの育てやすさや性格・頼れる人がいるかどうか・体の回復など
すべてがママによって一人ひとり違うから比べる意味がない。
ママはすごく落ち込んでしまうからやめてね。

73　72

あなたが心配症なら、
「うちの子はまだ○○できない」よりも
「やった、○○ができるようになった！」の
マインドで。

S.A.（33歳）/ 娘（2歳）

産後1カ月は安静に、と言うけど、
実際は完全に戻るのに
1年かかるものと思ってね。

S.S.（32歳）/ 娘（3歳＆0歳）

お風呂に入れるなら、
後片付けまでやってね。

A.N.（35歳）/ 息子（6歳）、娘（4歳）

お風呂に入れるとは湯船に入ることではなく、
着替えを用意してお風呂場に連れて行き、
脱がせて、洗って、拭いてクリームを塗って
着替えさせることなんです。

75

家事を「やろうか？」の一言より「やっておいたよ」のほうが素敵だよ。

A.K.（32歳）/ 娘（0歳）

あなたの妻が今どんなにきれい好きでも、
本当にびっくりするほど
部屋が散らかるから、心しておこう。
（そしてあなたが積極的に片付けよう）

M.A.（38歳）/ 息子（6歳＆0歳）

「そのうちやるから……」ではなく
妻に指示されたタイミングで
やるのがポイントかも。

A.A.（35歳）/ 息子（10歳&4歳）、娘（6歳&0歳）

ママが「お皿洗って！ 洗濯機まわして！ 赤ちゃんお風呂に入れて！」
と言っている時は、赤ちゃんの行動を予想して指示しています。
気まぐれではありません。「なんで今なの」「なんで妻のタイミングで
動かないといけないの」と思うかもしれないけれど、
ママが急に言い出したように見えることでも、
ベストタイミングを探って動いているから、
それに合わせてあげるのがいちばんスムーズだと思うよ。

何でも自分の母親が
正しいと思わないで。
ママの子育て方針を尊重して!

A.I.（30歳）/ 娘（0歳）

自分の親の孫フィーバーを
せきとめるのはあなたの役目だよ。

R.M.（33歳）/ 娘（0歳）

嫁姑の仲がいちばん悪化しやすい時期。産後はパパが嫁と姑の間に立って。

H.K.（34歳）／娘（1歳）

産後いちばん辛かったのは義母のハリキリ。
「産後は毎日、終電・始発でお手伝いするね！」と言われて
かなり気が滅入りました。もともと気にしいで
やや潔癖な性格の私、まずは自分のペースで進めたくて……。
夫の「やってもらえばいいじゃん」の一言には、それって誰のため？と
傷つきました。断りの文句を考えるのも一苦労で妻は言いにくいことも
あるから、義母からの連絡は夫が一括で請け負って、妻に確認したうえで
返事するようにしてあげて。今後もいい関係でいるためにも、
ママが子育てに集中できる環境作り、パパの仕事だよ！

ばあばのサポートはありがたいけど、その間あなたが家事や育児をしなくていいということではないんだよ。

S.A.（32歳）/ 息子（1歳）

私の母が泊まり込みでサポートしに来てくれた時のこと。
母が忙しく働いている間、ゆっくりご飯食べてビール飲んで
テレビを見ている夫を見て残念な気持ちに。母がいるから家事・育児を
しなくていいということではなくて、赤ちゃんの親は私たち。
夫婦で余裕を持って赤ちゃんと向き合うための時間なんだよ。

しばらくの間、産前のように
気軽にレストランに誘わないほうがいいかも。
まずは妻に相談してみよう。

H.A.（28歳）/ 息子（3歳）

とくに子どもが1、2歳の頃は、時間がかかるレストランに行くと、
子どもがグズらないかヒヤヒヤで楽しめないし周りにも気を遣うので
ママにとってはストレスになることも。
お店選びを含めて考えてみてから提案するといいかもよ。

どんな小さなことでもいいので、
育児＆家事を頑張る妻に
「お疲れさま」を。
明日も頑張ろうと思えるよ。

A.S.（35歳）/ 娘（5歳＆0歳）

ママの笑顔が減ってきたら
「俺みてるから、美容院に行ってくれば?」。
その一言に救われます。

Y.H.（33歳）／息子（4歳&1歳）

ママはお世話に必死で
赤ちゃんとのツーショットが少ない。
（ただし疲れ切ったスッピンは撮影不可）
積極的に撮影を。

R.M.（32歳）／息子（3歳）、娘（0歳）

いきなり「ママ」と呼ばれるようになって
モヤッとしました。
私の場合、下の名前で呼んでほしかったから、
どう呼び合うかは夫婦で話し合おう。

M.S.（30歳）/ 息子（0歳）

パパママになっても記念日は
大切にしてあげてね。

Y.T.（28歳）/ 息子（1歳）

産後3カ月過ぎたら、
断られる覚悟で誘って
産後セックスレスを防いで。

K.T.（34歳）/ 息子（1歳）

仕事と育児を一緒にしないで！

T.S.（27歳）/ 息子（3歳＆0歳）

「仕事で疲れている」と毎日呟く夫。
育休中の私にとって育児は今まで経験したことのない疲れでした。
座ってご飯が食べられる。何も考えずトイレに行ける。睡眠が取れる。
人と会話ができる。何より自分の意志で行動できる……当たり前がすべて
当たり前じゃなくなるのが辛かったから、あなたは理解してあげて。

「うちの子可愛いね」の親バカトークが夫婦の絆を深めるよ。

A.H.（38歳）/ 息子（4歳）

上の子可愛くない症候群を救えるのは、パパの力だよ！

Y.K.（38歳）/ 娘（4歳）、息子（1歳）

下の子が生まれると、ママはどうしても上の子との距離ができる。
さらに上の子が赤ちゃん返りすると
「分かるけど、勘弁してくれー」という気持ちに……。
うちの場合、夫が上の子を意識的に可愛がることで上の子もパパに
懐きはじめ、パパはますます上の子を可愛がるという好循環になりました。
ママも2人育児が慣れてくれば2人ともに愛情をかけられます。
それまで上の子をしっかり可愛がってあげてね。

育児中のママは、何時間もパパと連絡がつかないと不安になるよ。（泥酔なんてもってのほか！）

M.F.（38歳）/ 息子（6歳）、娘（3歳）

仕事や飲み会でずっと連絡がとれないと、私や子どもに何かあっても
連絡がつかないのかと考えてしまいイライラしてしまうことも。
危機管理にも通ずることなので、できるだけ
連絡がつくようにしてもらえたら安心。
（一日中連絡がつかない日があるなら、あらかじめ教えておいてね）

今までと同じ働き方は難しい場合もある。パパになったら“働き方改革”を。

A.Y.（40歳）/ 娘（0歳）

子どもが生まれていっそう仕事に熱が入る気持ちは分かるけど、
朝早くから夜遅くまで仕事だと家事も育児もシェアできないよね。
働き方を見直せば、子育てがもっと楽しくなるよ！

子どもが小さいうちは
自分の家に両親を
泊める時はちゃんと相談を。

S.H.（32歳）/ 息子（1歳双子）

子どもの歯磨きをお願いしたら
「俺苦手だから、無理」と一言。
ママだって不得意分野はあるんだから、
一緒に頑張ろうよ。

M.E.（36歳）/ 息子（4歳&2歳）、娘（0歳）

子どもと遊ぶ時にスマホは
見ないで！

S.I.（30歳）／ 息子（1歳）

アウトソーシングは
夫婦円満の秘訣です。

M.F.（27歳）/ 息子（1歳）

近くに頼れる人がいない場合、どうしてもお金で解決することに。
どんな選択肢があるのか、前もって調べておけばスムーズに発注できます。
宅配弁当や産後ケアサービスやシッターサービス、家事手伝いなど、
妊娠中からさまざまなオプションをリサーチ。
出産後、すぐに産後ケアセンターに入り、母子ともに健康的に過ごせました。
産後3カ月で復職できたのもそのおかげかも。
復職前もなにかと入園準備等が忙しいので、
ベビーシッターサービスをフル活用。
アウトソーシングの活用は夫婦円満の秘訣だと思って、
積極的に利用してね。

子どもがグズった時。すぐにママに任せないようにしてみてね。

M.I.（41歳）/ 娘（0歳）

「ゆっくりお風呂入ってきてね」が何より嬉しい♡

R.T.（32歳）/ 娘（1歳）

出産したら奥さんからの愛情は減る。でもいつか必ず形を変えて愛情は戻ってくるよ。

Y.W.（32歳）/ 息子（3歳&0歳）

今まで夫に向いてた愛情はすべて子どもに移るし、
産後しばらくは何もできない夫にイライラすることしかありませんでした。
でも、子育てに慣れてきたら、
夫も夫なりに頑張ってくれてることにちゃんと気づきました。
私が理不尽にイライラしてても怒らない夫を見て、
この人と結婚して良かったなと思いました。きっと報われるはず！

パパもママも。今、日本での子育てが大変なのはどうして？

育児や家事に積極的なパパが
増えつつありますが、
それでも母親の育児負担はまだ多く
ママからは不満の声も漏れ聞こえる一方、
男性からは大黒柱として働いて
家族を養いながら、さらに家事や育児を
求められることに疲弊する姿も。
ふたを開けてみればハッピーなだけではない、
日本の子育て世代の辛さとは。
男性学を研究している田中俊之先生に
お話をうかがいました。

話を聞いたのは……

田中俊之さん 大正大学心理社会学部准教授

1975 年生まれ。2008年博士号（社会学）取得。
男性学の第一人者として、新聞、雑誌、ラジオ、
ネットメディア等で活躍している。2人の男の子のパパでもある。

仕事以外に幸せがある。
それってこれからの時代、大切な価値観なんです！

我が家は妻がフルタイムで働く共働きです。2016年1月に長男、2019年7月に次男が生まれて2児の父親になりました。子どもが生まれるタイミングで、「収入が減っても仕事をセーブして、自分が家事と育児をする時間を増やす」か「今まで通り働いて収入を保つ」か話し合って、我が家では仕事とお金を追い求めない選択をしました。

僕は執筆や講演を減らし、夫婦で家事や育児をする時間を優先。これは今まで女性が味わった苦しみですが、この数年、僕が育児や家事に時間をかけてきたところで当たり前だけど何も起きませんでした。オムツを替えても誰にも褒められないし、子どもをあやしても社会的な地位が上がったり、収入が増えることなんてない。

でも、訳も分からず夜泣きをする子どもを抱き上げて、目が合った子どもが笑った時に感じる幸福は他と比べようがないものです。お金というのはいちばん分かりやすい利益だけど、夫婦や家族はそれだけで幸せになるものではない。長男も次男も、ちょうど大学が長期休みに入る前に生まれたので、結果的に2カ月間家事・育児に専念できましたが、産褥期の妻に家事と育児をさせることがいかに大変な状況かも実感しました。

子どもがいることは男性にとっても職業上の達成や収入とは違う価値や幸せがあることだと僕は思っています。その価値や幸せがこれからの時代に必要になってくること、今からご説明しますね。

Toshiyuki Tanaka

問題は、日本社会全体の「マインド」と「働き方」にある!?

男女の賃金格差があって男性が大黒柱として働くという価値観が根強い今の日本。どうして今の子育て世代のパパママが大変なのかを3つの理由から読み解きます。

理由① 子育て世代の男性の多くは専業主婦に育てられているから

第一子出産までに退職する女性は、１９８５〜８９年で70％以上、２０００年代を通じても60％台の後半（注１）。働く、といってもパートの割合が多く家事・育児は母親が担っていて、男性はまだ日々の生活がどう成り立っているのか理解が少なく、そもそもの家事能力も低い人が少なくないだろう（反省しているけれど僕も料理のレパートリーは少なかった）。

理由② 男性が定年まで働くという価値観があるから

今は過渡期ともいえますが、これまでは男性が転勤も残業もいとわず働き、会社に人生のすべてを注ぎ込むことで成功するという一元的な働き方しか認められていませんでした。日本の場合は男女の賃金格差もあり、今、賃金格差は男性が１００に対して女性は70（注2）。男性が30万円もらえるところ女性は約20万円という計算になります。男が家庭にいるよりも外で働いたほうがいいという考えにつながってしまう部分も。

理由③　ここ数年でフルタイムの共働きが増えたから

男性の働き方は変えないまま、主婦からパート、フルタイムと女性の働き方だけを変えてきた現状があります。これでは、働く母親の負担が増えるばかり。ここ数年でフルタイムの共働きが増加。男性の意識も社会の仕組みも変わりつつあるものの、まだ追いついていないのが現状です。

「夫が妻を扶養する」イメージだった日本の結婚制度が変わりつつあり、夫婦二人で協力して生きる時代になった以上、価値観や思っていることの違いをどう埋めるか。夫婦はこれまで以上に真剣に話し合わないといけないと思います。収入が下がるのを許容して男性が育休を取って育児・家事をするとか、奥さんのほうが年収が高いなら夫が時短勤務をして育児・家事をするという選択があってもいい。自分たち家族の最適解についてぜひ話し合ってみてください。

注1：平成30年11月 内閣府男女共同参画局「第1子出産前後の女性の継続就業率」及び出産・育児と女性の就業状況について
注2：厚生労働省「賃金構造基本統計調査」より

これからパパになるあなたへ、突然の「ポンコツ化」を恐れずに。

これから父親になるあなたと、母親になる女性に僕がアドバイスできることはひとつだけ。男は父親になる過程で一時的にポンコツ化する。でも、その姿は「情けない」ことではないということです。

今まで男性は自分で状況をコントロールすることで受験や仕事で成果をあげてきました。それが、これまでの男性の仕事だった。でも、妊娠・出産・育児はどう足掻《あが》いてもコントロールできません。泣きわめく赤子を前になす術もなく、状況を制御できない自分に男性は無力を感じる。それまで男性を支えてきた「俺はできる」という有能感が目減りしていきます。

僕の話をすれば、出産前はかなり調べて知識をつけていたと思います。でも、実際には理論武装して、どうにかなるような甘いものではなかった。初めての子の時は「産褥の6〜8週間を空けておけばいいんだな」と産後2カ月後から仕事量を戻していましたが、妻の回復に時間がかかり計画は破綻。仕事を減らしたにもかかわらず全く時間が足りず、仕事で何かを成し遂げたいという思いがそこまで強くない僕でさえ「こんなに仕事ができなくなるなんて」とショックを受けました。

でも、このポンコツ化は不可避なプロセスで、男性が自分にコントロールできないものがある、ということをしっかり受け止めないと、子育てにコミットする父親にはなれないと思います。この事実を知らずに子どもを支配・コントロールしようとする父親になってしまうほうが最悪なんじゃないでしょうか（最近、受験などにおいて子どもの成績を仕事同様に管理しようとするパパを〝エクセルパパ〟と呼ぶことを知りました。子どもや子どもの成績をコントロールできると思っている、なんて教育虐待にもつながる危険な価値観だと思います）。

正直、子育ては楽しいことばかりではなくてイライラすることも多い。でも、物事を思い通りに進めて、より良い成果を出すこととは違う価値があることを知るはず。解決策は自分が変わることです。育児は長期戦なので、その挫折は早ければ早いほうがいい。もし、あなたが仕事ができる男性ならなおさら、その落差は大きいかもしれない。でも、取り乱し慌てる余裕のないあなたは父親になろうと進化している姿だと思うのです。

さらに一言！

「いつか中年になる僕たちが今すべきは仕事より子育て!?」

ところで、僕は今年45歳になります。この本を読むあなたが30代と仮定してちょっと先輩風を吹かすと、きっとあなたにも「中年の危機」はやってきます。元気なうちはピンとこないと思いますが体力も露骨に落ちます。身体的変化もさることながら頭の回転がどう考えても遅くなってくる。この衰えた肉体と頭脳であと20年どうやって働いていこうかと考える、あぁ、これが「中年の危機」なのか、と思い知る。僕の場合、救いになったのはすでに妻と二人で育児・家事をしていくために働き方を見直していたことでした。出産は、今後の働き方を見直す絶好のチャンスなんです！

こんな発言に
妻たちは傷ついていた。

NGワード

産後のママはデリケート。
パパが悪気なく発した一言でも、
ナーバスになっているママには
致命傷となってしまうことも。
人と話す機会も減るこの時期。
ママはきっとパパに話したいことが
たくさんあるはず。
悲しい思い出を残さないように
NGワードをチェックして
おきましょう。

お手伝いしようか？

産後ママがもっともイラッとするワードは「お手伝い」。
手伝いじゃなくて、あなたも私も親です、主体的になってね！

A.M.（39歳）／娘（0歳）

平日に友だちと
ランチしてるじゃん。

と言って、休日に予定を入れてきた夫。
ランチしか大人と話す機会がない生活を想像してみてほしい……。
実際にはランチしていても子どもが寝ない限りのんびりできないし、
たまには外出をしたり人と話さないと気が滅入ってしまうから、
ママを快くランチに送り出してあげてね。

A.M.（32歳）／娘（0歳）

これくらい
大したことないよ！

「少し代わろうか？」の一言は嬉しいけど、
「大したことない」みたいなドヤ顔はいらないかも。
「少しなら平気だけど、これを24時間続けるのは大変だね。
ありがとう」だと嬉しい！

M.F.（32歳）／娘（1歳）

ネットには こう書いてあったよ。

寝ない・泣きやまないなどママが困ってる時に
「ネットにこう書いてあったよ」と言うのは逆効果かも。
だいたいママはもう試していると思うから、余計にイラつかせる
ことも。まずはママがどんなことにトライしてダメだったのか、
何に困ってるのか、ちゃんと話を聞いてあげてからが○。
ママがどれだけ頑張っているか知るきっかけにもなるはずだから！

N.S.（34歳）／娘（0歳）

ママなんだから 仕事を軽く。

ママになることが女性の目標ではないから、
軽はずみな発言はNG。キャリアを築く途中で妊娠した妻は
葛藤を抱えていると思います。
仕事や働き方に対する考えは人それぞれなので、
母親だからこうあるべき、みたいな安易な決めつけは要注意。

W.K.（28歳）／息子（1歳）

大変なら
家事代行頼めば。

家事代行を探すのも大変なんです！
もしも自分が家事を請け負えないなら、
手配して連れてくるくらいの気持ちでいてね。

N.S.（35歳）／息子（6歳）、娘（4歳）

おっぱいないから
寝かしつけ無理だわ。

ママだって一日に何度も寝かしつけて
やっとできるようになっているんだから、
あなただってできる！
諦めずに自分なりの寝かしつけテクニックを習得してね。

S.I.（31歳）／娘（1歳）

育休中なんだから。
育児が仕事だろ。

「何のための育休なの？」と言われて傷つきました。
そもそも育休は休暇じゃない、3時間おきに起こされて
寝不足のまま言葉が通じない子どもの世話をする生活は本当に大変。
仕事も大変だけど育休中のママを対等に扱って、任せきりにしないでね。

A.Y.（32歳）／娘（3歳）、息子（1歳）

赤ちゃんが泣いている場面で
言わないほうがいい言葉
3位「おっぱいじゃない？」
2位「お母さんがいいって」
1位「ねえ泣いてるよ」

おっぱいじゃない？↓5分前にあげました。
お母さんがいいって↓諦めないでください。
泣いてるよ↓抱っこしてください。

M.K.（31歳）／息子（0歳）

お前に任せる。

保育園や教育方針、今後の育て方について相談すると
なんでも「お前に任せる」と言う夫。
初めての子育てで正解が分からないなか、
相談しながら決めていきたいのに突き放されると、
悲しいしプレッシャーも感じてしまうので、一緒に考えてほしい。

S.K.（40歳）／息子（2歳）

俺だって大変。

夫のほうが忙しい家庭は
家事・育児の負担が妻のほうが多くなるのは仕方ない。
でも、私が「大変だー！ しんどいー！」と言った時に「俺だって」と
対抗されるとイラッときて、同じだけやってみて！という気持ちに……。
ママはチームメイト。ママが大変そうな時は
「お疲れさま、ありがとう」とねぎらってあげてね。

A.H.（40歳）／娘（4歳）、息子（1歳）

一日中家にいられて
いいじゃん。

ママに対して「代わりたい」と言うのはNGだし失礼！
仕事が大変なのは分かるけれど、
産後の育児の辛さをあなたに分かってもらえないと
ママはどんどん追い込まれちゃうんだよ。

N.M.（32歳）／娘（1歳）

病気じゃないんだから、
やれよ。

退院したからといって元気になったと勘違いしないで！
産後元気なのはハイになっているだけ。
実際ここで無理すると、
後々体の不調につながることも知っておいてほしい。

M.U.（40歳）／息子（3歳）

夕飯？なんでもいいよ。

「夕飯どうする？」とママが聞く時は、パパの食べたいものを聞いているわけではありません。私は作れないけどあなたは何ができるのか、と問うているのですよ。うちの場合は「俺が作るよorなんか買ってくるよ」が正解！

N.S.（32歳）／娘（0歳）

自分だけ忙しいと思うなよ。

産後も変わらないペースで働き続ける夫に「育児を丸投げしないでほしい」と伝えたところ、返ってきたのがこの一言。離婚が頭をよぎりました。

A.Y.（40歳）／娘（0歳）

まずは、どんな家族に
なりたいのか話し合おう。

PRE MOM　PRE DAD

☐ **これから始まる子育て、**
不安に感じていることは？

PRE MOM

PRE DAD

☐ **子どもが生まれたら自分はどう変わりたい？**
相手に変えてほしいところは？

PRE MOM

PRE DAD

☐ **自分にとって「理想の家族」はどんなイメージ？**

PRE MOM

PRE DAD

＼先輩ママたちの「話し合っておくべき！」をまとめた／

夫婦から家族になるタイミング！プレママ＆プレパパ話し合いノート

今回書籍を作るにあたり行った取材のなかで実感したのが「夫婦での話し合い」の必要性。出産後は慣れない育児でバタバタ、夫婦でじっくりと話し合うための時間はなかなか作れなくなります。どんな親になりたいのか、どんな子に育ってほしいのか。お互いの考えを共有しないまま子育てをスタートすると余計な衝突が増えてしまうことも。実際に話し合った夫婦ほど「相手がどう考えているのか知ることができて良かった」「相手への理解が高まって不満が少なくて済んだ」との証言が。ちょっと照れくさいけど、二人の時間がある今、向き合って話し合うチャンス！

□ どんなママ/パパになりたい？ また相手にはどんなパパ/ママになってほしい？

VOICE：漠然と専業主婦だった母親のような母親になりたいと思っていましたが、「仕事もしているし手を抜くところがないとパンクするんじゃない？」と夫に指摘され納得。復職した今もよく「手抜きも大事」と言い聞かせているので、夫婦で話し合って良かったです。M.N.（32歳）/ 息子（1歳）

PRE MOM

PRE DAD

□ 子どもを育てていくうえで大切にしたいと思うことは？

PRE MOM

PRE DAD

二人のルール作り

□ 育休をどれくらい取るのが理想か、理想に近づけるにはどうしたらいい？

VOICE：入院中よりも自宅に戻ってきてからのほうがサポートが必要であることを知らなかった夫。予定日付近の1週間で育休取得希望を出していたことを知り、先に話し合っておけば良かったと後悔。R.R.（28歳）/ 娘（0歳）

□ 育児・家事をどうやってシェアする？

VOICE：家事の分担が曖昧だったため「産休で休んでいるのだからなんでも私がやらないと！」と思うものの実際には手が回らず後ろめたさだけが募る状態に。きちんと線引きをしておけば良かった。A.M.（34歳）/ 娘（1歳）

□ 子どもの成長に合わせて働き方をどう変えていく？

VOICE：家庭と仕事のバランスについて、どう働き方を変えていくか、産前に夫婦で話し合っておいて良かったです。A.A.（42歳）/ 娘（0歳）

PRE MOM　PRE DAD

＼さらに詳しく！／
これから家族になる

□ 夫婦それぞれの自由時間や夫婦二人の時間、どうやって作る？

VOICE：ひとり時間や夫婦の時間が本当になくなると聞いていたので、“月に一度はデートをしてリフレッシュしよう”と産前に約束。実際にはなかなか実現しないのですが（笑）、代わりに家で映画デートをしたり二人時間を作ろうというモチベーションに。N.S.（33歳）／息子（0歳）

□ 夫婦のお金と保険、どうする？

VOICE：DINKS時代から夫婦別財布で生活費はすべて折半。産後、子どもの服やおもちゃなど私が気づいて買うことが多いので地味にモヤモヤ。都度請求するのも手間なので仕組みを考えておくべきでした。C.H.（36歳）／娘（2歳）

□ お互いの親にどの程度子育てに関わってもらう？アウトソーシングは？

VOICE：産後半年で復職。出張も多いので、私は実家も義実家もシッターも頼る気マンマンでしたが他人が家に入ることを嫌がる&「母親がいなくて大丈夫なの？」と戸惑う夫。復職後で余裕がなかったので半ば強行状態に。前もって話し合えば良かった。E.Y.（35歳）／息子（2歳）

どれだけ話し合っても想定外のことはたくさん起こるのが子育て。
でも、一度話し合っておけば悩みや迷いが生じた時にも同じ方向を
見やすくなるし、壁にぶつかった時にも軌道修正がしやすくなるはず。
このノートをもとに何度も話し合って、二人のルールを
アップデートしていってください。

VERY BOOKS

出産《しゅっさん》前《まえ》の友《とも》だちよりも心配《しんぱい》な
友《とも》だちの夫《おっと》に贈《おく》る100の言葉《ことば》

2020 年 7 月 20 日 初版第 1 刷発行

デザイン・装丁：佐野研二郎 / 香取有美（MR_DESIGN）
イラスト：Shogo Sekine
テキスト：増田奈津子
編集：羽城麻子 / 編集長：今尾朝子
発行人：爲田 敬
発行所：株式会社 光文社
〒112-8011 東京都文京区音羽 1-16-6
VERY編集部 03-5395-8131
書籍販売部 03-5395-8112
業務部 03-5395-8128
印刷・製本：大日本印刷株式会社

ISBN978-4-334-95174-0

この本を読まれてのご意見、ご感想をお聞かせください。
very@kobunsha.com